L'AMI DU PROLÉTAIRE,

ENTRETIENS FAMILIERS

SUR

DIFFÉRENS SUJETS DE MORALE, DE POLITIQUE, D'ÉCONOMIE, D'INDUSTRIE, DE BEAUX-ARTS ET PARTICULIÈREMENT D'HISTOIRE GÉNÉRALE.

Ouvrage

DESTINÉ A VULGARISER LES PRINCIPES GÉNÉRAUX DU SAINT-SIMONISME.

Les vrais amis du Prolétaire sont seulement ceux qui lui prêchent l'*Association* en politique, l'*Harmonie* en religion.

1re.2e. *Livraison.*

ON SOUSCRIT A :

PARIS, CHEZ G. BIARD, FONDATEUR,
BOULEVART SAINT-MARTIN, N° 7.

BRUXELLES, CHEZ HOART, ÉDITEUR,
RUE DE LA MONTAGNE, N° 399.

1832.

AVIS.

L'Ouvrage entier se composera de trente Livraisons, et paraîtra en plusieurs mois, à époque indéterminée. Il paraîtra quelquefois deux Livraisons à la fois.

    Prix de chaque Livraison. . . . . 25 centimes.
    Prise séparément. . . . . 3o centimes.

Les frais de poste sont compris à part. Les demandes et envois relatifs à l'*Ami du Prolétaire* doivent être francs de port.

Le Fondateur de l'AMI DU PROLÉTAIRE se propose de publier, sur les quarante années de Révolution Française, un Aperçu historique propre à donner au Prolétaire un juste sentiment de la Civilisation régnante. Cet ouvrage, tout-à-fait neuf au fond, se composera de six Livraisons, avec gravure.

    Prix de chacune. . . . . 6o centimes.

La première Livraison paraîtra après la réunion de deux cent cinquante Souscripteurs.

On souscrit d'avance et sans frais aux adresses indiquées ci-contre.

IMPRIMERIE DE AUGUSTE AUFFRAY,

PASSAGE DU CAIRE, N⁰ 54.

L'AMI DU PROLÉTAIRE,

ENTRETIENS FAMILIERS

SUR

DIFFÉRENS SUJETS DE MORALE, DE POLITIQUE, D'ÉCONOMIE, D'INDUSTRIE, DE BEAUX-ARTS, ET PARTICULIÈREMENT D'HISTOIRE GÉNÉRALE.

Ouvrage

DESTINÉ A VULGARISER LES PRINCIPES GÉNÉRAUX DU SAINT-SIMONISME.

Les vrais amis du prolétaire sont seulement ceux qui lui prêchent l'*Association* en politique, l'*Harmonie* en religion.

BUT DE L'OUVRAGE.

Aujourd'hui qu'il n'y a plus de RELIGION sur la terre, c'est-à-dire que les hommes ne sont plus *reliés* entre eux par un même principe de conduite, et que des sentimens, des vues, des intérêts opposés les divisent, il arrive, qu'à défaut d'une foi religieuse commune au genre humain, les deux moyens généraux d'en acquérir le *sentiment* et la *pratique* : L'ÉDUCATION et L'INSTRUCTION sont confondues, prises l'une pour

1

l'autre et tour à tour employées en sens inverse de leur valeur respective, sans que jamais on puisse saisir la distinction essentielle qui existe entre ces deux agens principaux de la civilisation.

Il importe, cependant, d'établir nettement cette distinction pour mieux distribuer à chaque chose, à chaque individu son rôle et son attribution, et remettre par-là tout en son lieu et place.

L'éducation, dans sa plus haute généralité, consiste à imprimer à tous les membres d'une société, une direction *unitaire*, et à les familiariser à la pratique de mœurs qui les *relient* entre eux.

L'instruction ou éducation *professionnelle* est l'aptitude spéciale développée dans chaque individu pour l'ordre de travaux auquel l'appelle sa vocation naturelle.

La différence essentielle qui existe entre l'éducation et l'instruction, c'est donc que la première est d'une application *générale*, parce qu'il importe à tous d'être unis plutôt que divisés; tandis que la seconde est d'une application *spéciale*, c'est-à-dire qu'elle ne peut être la même pour tous, parce que tous ne naissent pas avec la même vocation. En un mot, l'éducation dispose à la pratique de la *religion* avouée, l'instruction conduit à l'accomplissement d'une *fonction* dans la société; la première donne le sentiment des *devoirs*, la seconde celui des *droits*

Partant, il n'y a plus véritablement d'éducation publique, puisqu'il n'y a plus de religion, et il n'y a plus de religion puisque les intérêts des hommes ne sont pas les mêmes partout et pour tous : car la RELIGION *relie* tout et ne divise rien.

Il n'y a plus que de l'instruction, et les libéraux

dont la grande prétention est d'instruire politiquement et moralement les masses, annoncent plus qu'ils ne peuvent faire. Leur impuissance à cet égard, résulte de l'absence d'une foi commune aux hommes, c'est-à-dire d'une loi générale qui leur serve à tous de ralliement.

Cette loi qui doit, sans examen, être d'un attrait égal à *l'espèce* et à *l'individu*, et fonder d'autres rapports entre les humains, que des rapports de méfiance, est à accepter car elle a été trouvée par Saint-Simon, c'est *l'association humaine*.

L'association humaine est le sentiment de vérité le plus élevé qu'il soit donné à l'homme de concevoir et avec lui renaît l'éducation, se perfectionne l'instruction; par lui se fonde la religion véritable, se coordonnent les sciences, s'ennoblit l'industrie, et pour quiconque en est pénétré, l'histoire du monde n'est plus un champ de lutte interminable, mais un tableau grandiose, où, à travers mille efforts, on voit les peuples graviter vers un même but : *l'association universelle*.

Un des moyens les plus propres à disposer les hommes à l'acceptation d'une foi ou d'une loi qui établisse entre eux des rapports en harmonie avec leurs besoins, c'est, sans contredit, de leur rendre familière l'application de cette foi à toutes les *généralités* et à toutes les *spécialités* de choses sensibles à l'entendement humain; car les hommes ont tous le sentiment commun d'améliorer leur condition, un même principe les domine donc, et ce n'a été jusqu'ici que dans l'application qu'ils ont faite de ce principe, qu'ils ont différencié d'opinions et d'intérêts; là, est la cause de leurs divisions passées et présentes; des révolutions qu'ils se sont faites, des maux qu'ils se sont causés, de la lutte enfin qui, pour être voilée, organisée n'en est pas moins patente parmi eux.

Avec le sentiment d'association disparaissent la LUTTE, *l'égoïsme*, *l'athéisme*, qui en sont les aspects et renaissent la *religion*, la *paix*, le *progrès*. L'éducation a un but affirmatif : celui de justifier, par la voie passionnée du sentiment, la vérité et l'efficacité d'*être associés* ou en communion de sentimens, de vues, d'intérêts; l'instruction en a un autre : celui d'apprendre, par le calcul de la raison, *à tout associer;* car *en dehors de l'association tout est lutte*, donc pour être *utiles* et *vrais* la religion, les sciences, les arts doivent tendre nécessairement à justifier l'association humaine sous le triple rapport de l'*enthousiasme*, de la *raison*, de l'*intérêt*.

L'association sous ce triple rapport n'est certainement pas le principe pivotal de la civilisation constitutionnelle. C'est au contraire le *privilége* en propriété, *l'indifférence* en religion, la *confusion* en science, la *méfiance* en politique, en un mot la LUTTE en tout point.

On ne saurait le nier : depuis le chef de l'état jusqu'au plus mince officier civil, l'ordre constitutionnel repose sur la suspicion, la méfiance, le contrôle. En effet, dans la pensée du législateur, les chambres, en France, ont été instituées avec la mission de contrôler la volonté royale, la chambre des pairs avec celle de contrôler la chambre des représentans; l'armée de terre et de mer avec celle de contrôler tout mouvement national intérieur; la milice bourgeoise avec celle de contrôler l'agitation des classes ouvrières inactives; les cours royales pour contrôler les arrêts des tribunaux inférieurs ; la cour de cassation pour contrôler toutes les cours royales ; enfin le jury pour contrôler la magistrature toute entière. Ajoutons, pour donner une idée nette du vice radical de la civilisation dite *constitutionnelle*, ajoutons au tableau sans couleur que nous avons donné de la *hiérarchie* ou *ordre* à rebours sur laquelle elle repose, que selon le degré d'humeur auquel se trouve monté le thermomètre des passions politiques, l'un ou l'autre des deux élémens du pouvoir constitutionnel qui se pondèrent ou se balancent en temps ordinaire, se heurtent, se choquent, se brisent en temps orageux, et à tout moment nécessitent de remettre l'ordre social en cause.

Voilà quel est le fondement de la civilisation constitutionnelle, qu'à plus juste titre et sans craindre un démenti consciencieux et sain de vérité, je qualifie de civilisation *suspicionnelle*. Voilà pourquoi aussi, à côté de cette civilisation *transitoire* en progrès sur toutes celles du passé, quant à la forme, mais vicieuse au fond et en face de l'avenir, je proclame, par SAINT-SIMON, et avec l'assentiment de tous les hommes vertueux, la civilisation *associationnelle*, comme mettant fin à cette lutte compliquée, irreligieuse sur laquelle repose le pouvoir actuel et qui se réfléchit au loin dans toutes les parties du corps social, dans toutes les institutions qui en règlent l'action.

Tout, absolument tout est donc à envisager du point de vue de l'association humaine, et, pénétré de ce sentiment général, ce sont toutes choses *neuves* qu'il y a à dire sur la morale, la politique, l'économie, l'industrie, les beaux-arts, l'histoire, en un mot tout ce qui fait partie de la science humaine.

Cet ouvrage a justement pour but de préparer les esprits au changement de civilisation qui s'opère dans le temps et dont Saint-Simon a donné la clé, de rendre familières aux masses les hautes vérités sociales encore enfouies dans le champ de la science, de vulgariser le principe de l'harmonie universelle par l'association des hommes aux hommes et aux choses, du monde au genre humain, en un mot d'innoculer le sentiment d'*union*, de *paix* et de *progrès* au cœur de tous les êtres intelligens, en les appelant à une universelle communion.

Tel est le but *éducationnel* et *final* que nous nous proposons dans l'œuvre à laquelle nous appelons tous les amis du prolétaire à concourir de leur intelligence et de leur activité.

Gustave BIARD, fondateur.

PROLÉTAIRE, du latin *proletarius*, formé de *proles*, race, lignée; qui fait des enfans. On donnait ce nom à la sixième et dernière classe du peuple romain, laquelle comprenait les pauvres citoyens de la république. On les nommait ainsi comme n'étant utiles à l'état que par les enfans qu'ils fournissaient pour la guerre.

C'est à tort qu'on attache encore à la qualification de *prolétaire* un sens injurieux, d'autant plus qu'elle convient beaucoup moins d'être appliquée à la classe pauvre à laquelle elle est commune, qu'à la classe riche elle-même. On conçoit, en effet, que sous le rapport de fécondité les riches désœuvrés ont, plus que les misérables citoyens, la faculté d'être *prolétaires*, c'est-à-dire de faire des enfans. — Sans doute, le pauvre a plus d'enfans *à lui* que le riche, mais celui-ci en a plus qui ne portent pas *son nom* que le pauvre.

Que devant cette trop grande vérité, s'éclipse le sens injurieux du mot *prolétaire*. N'est-ce pas l'éternel égoïsme des classes aristocratiques qui a perpétué le *prolétariat* sous différens noms, depuis les temps les plus réculés jusqu'à nous? D'ailleurs, un examen plus consciencieux de ce qui se passe encore aujourd'hui dans la société, fera promptement reconnaître que le travail *matériel* et *nourricier* est, au fond, l'attribut essentiel de la masse des prolétaires; que sans leur activité, les classes privilégiées vivraient inévitablement moins à l'aise; que s'il leur venait en idée d'arrêter tout à coup leurs bras, elles devraient elles-mêmes remplir leurs pénibles fonctions; c'est pourquoi, avec SAINT-SIMON, le plus judicieux des contemporains, le plus sincère ami des hommes, je déclare *honorable* la qualification de *prolétaire*, et dis que j'entends définitivement désigner par prolétaires les membres de la classe la plus pauvre et la plus nombreuse des nations, celle sur laquelle repose le travail matériel et nourricier, celle dont les droits sociaux sont les moins étendus, celle enfin pour les intérêts de laquelle toutes les institutions sociales ont besoin d'être indéfiniment modifiées, jusqu'à ce qu'il n'y ait plus, à la place de *prolétaires*, que des *associés* dans le monde.

COUP D'OEIL HISTORIQUE SUR LE PROLÉTARIAT DES NATIONS.

Une réunion de personnes, une société d'hommes, une nation, le genre humain enfin, est toujours représenté dans ce qu'il a de plus avancé en civilisation, en connaissances, en moralité, par un homme, un parti, un peuple. Les autres membres composant la réunion, la société, la nation, les autres peuples faisant partie du genre humain sont, au figuré, les échelons de civilisation qui, selon qu'on les descend, nous montrent certaines individualités-hommes ou individualités-peuples plongées dans la plus complète ignorance, dans la plus profonde barbarie; et selon qu'on les monte, au contraire, nous font voir la lumière, les mœurs, la civilisation dans leur plus vif éclat.

Ce qu'il importe de remarquer dans ce tableau de morale statistique de l'humanité, c'est qu'il y a liaison entre tous les degrés de civilisation, liaison providentielle attestée sans réplique par tous les degrés qui, jusqu'au plus éloigné, réfléchissent, selon une gradation croissante plus on monte, décroissante plus on descend, l'influence civilisatrice du degré que, par opposition aux autres qui en sont les *satellites*, j'appellerai degré *solaire*.

On commet donc une erreur statistique et philosophique quand on nie les progrès de la civilisation considérée humanitairement, et qu'on apporte à l'appui de cette négation l'exemple d'un peuple placé au dernier degré de civilisation ou qui est moins avancé d'un degré que tel autre ; on se trompe quand on croit pouvoir nier le *progrès humanitaire* par la citation des Égyptiens, des Grecs, des Romains qui, dit-on, sont déchus de leur antique splendeur ; on se trompe encore quand on croit pouvoir nier avec raison la *perfectibilité humaine* par la comparaison des Lapons aux Français.

Dans le premier cas, on ne réfléchit pas que la nature de civilisation que pratiquaient les Égyptiens, les Grecs, les Romains, était (si l'on veut bien se donner la peine d'approfondir la question et ne pas prendre au positif le brillant de la narration qu'en ont fait les historiens) beaucoup moins favorable aux masses prolétaires que la civilisation actuelle qui domine ces peuples, quelque imparfaite qu'elle soit d'ailleurs, car enfin, on ne peut pas se dissimuler que le contact de ces peuples avec ceux qui sont plus avancés qu'eux en civilisation a dû nécessairement apporter des modifications profondes dans leurs propres relations.

Dans le second cas, si l'on croit pouvoir nier la perfectibilité humaine en comparant les Lapons aux Français, c'est qu'on manque à classer au degré de civilisation qui lui convient, tel peuple comparativement à tel autre ; c'est qu'on n'a pas acquis le sentiment de ce que j'ai dit en commençant, savoir : que le genre humain nous offre sur tous les points du globe où il est répandu, la représentation de toutes les nuances de civilisation, lesquelles nuances, comme les anneaux d'une longue chaîne, s'entremêlent les unes dans les autres, et reçoivent leur éclat de *vivacité* ou de *pâleur* selon qu'elles se *rapprochent* ou qu'elle s'*éloignent* de la nuance dont toutes les autres sont des reflets.

Je dois détruire, avant de passer outre, un autre pré-jugé. L'histoire, a-t-on dit, doit être le récit impartial des crimes et des vertus des hommes; les constater, les enregistrer, et rien de plus. Vraiment, l'histoire c'est mieux que cela. Elle a pour but divin de *passionner* les hommes pour un avenir social toujours plus attrayant, *avenir* que le *passé,* dont elle est le tableau, doit justifier de tous points. En dehors de ce résultat, l'étude en est tout-à-fait superflue. Conçoit-on d'étudier la physiologie, par exemple, seulement pour constater les propriétés des différens organes du corps humain? — Non. — On l'étu-die pour connaître, dans tous les cas d'accidens organi-ques, quel traitement est à appliquer aux différentes parties du corps pour les rappeler à la régularité de leur fonctionement habituel, en d'autres termes pour les guérir.

L'histoire est la physiologie de l'espèce humaine; donc son étude doit consister plus qu'à constater l'état de civi-lisation des différens peuples qui la composent, mais sur-tout à révéler quel traitement moral est à leur appliquer pour en former un *tout vivant* harmonieusement uni dans ses parties.

Et maintenant, par quelle partie de l'humanité faut-il en commencer l'histoire? Je réponds qu'assurément c'est par l'individualité-peuple qui la représente dans son plus haut point de civilisation, comme en physiologie, c'est le cerveau qui fait l'objet principal des études de l'anato-miste, à cause des fibres qui y rattachent toutes les autres parties du corps humain.

Les considérations qui précèdent sont suffisantes, sans doute, pour détruire les argumens de ceux qui nient la perfectibilité humaine, parce qu'au lieu de se placer au point de vue de l'ensemble, c'est au point de vue du dé-tail qu'ils demeurent; parce qu'au lieu de monter au faîte des échelons de la civilisation, ils s'arrêtent au dernier, au second; enfin, ces considérations prouvent déjà clairement, je crois, que l'humanité est progressive dans ses destinées, c'est-à-dire que les masses prolétaires de toutes les nations, diversement civilisées, ont accru leur bien-être en proportion de leur contact avec le peuple civilisateur.

Cette vérité passionnelle, je la veux justifier d'une autre manière historique, afin d'encourager le prolétaire à travailler, par la méditation, à l'amélioration de sa propre condition ; mais avant cela, je dois poser en principe qui découle des considérations ci-dessus :

Qu'étudier respectivement l'histoire de chacun des peuples qui, tour à tour, ont imposé leur civilisation aux autres, c'est réellement étudier l'histoire de l'humanité au temps de leur suprématie.

Je pars donc de ce principe qui simplifie infiniment l'histoire, et maintenant je vais *prouver* à tous les hommes de bonne foi, qu'aux noms de baptème donnés à l'humanité à la suite de chacune de ces grandes évolutions; qu'aux qualifications diverses attribuées aux masses prolétaires; qu'aux différens états de société par lesquels elles ont passé; qu'aux institutions multipliées qui les ont régies, elles ont à glorifier Dieu en reconnaissant que leur nom social s'est modifié, que leur sort s'est amélioré, que leur moralité s'est accrue par le perfectionnement successif apporté dans la civilisation humaine; qu'ainsi les nouveaux progrès qu'elles sont appelées à faire encore *s'accompliront* à l'aide du temps et des efforts que tenteront providentiellement les hommes dévoués dans la direction des beaux-arts, de la science et de l'industrie, triple manifestation de l'activité humaine.

Il est peu important ici de scruter dans la nuit des temps et de rechercher si avant de porter le nom d'*égyptienne* l'humanité civilisée n'en avait pas un autre. Cela se peut ; mais c'est ce qu'il est tout-à-fait superflu d'examiner. Il importe de constater que l'humanité, d'*égyptienne* qu'elle était à l'époque de sa plus haute origine de civilisation devint *grecque* à la suite de plusieurs mille ans de révolutions; puis enfin *romaine,* et sous ce nom comprit l'UNITÉ du monde alors connu.

Ces trois transfigurations passées du genre humain, attestant la perpétuité de son existence et la perfectibilité de son développement, s'opérèrent par la fusion successive des individualités-peuples en une unité–peuple dépositaire de la civilisation et propagateur armé des lumières.

Ainsi les peuples héritent les uns des autres aussi bien que les individus; mais mieux que ceux-ci, c'est par droit de capacité civilisatrice qu'ils succèdent les uns aux autres et que leur échoient les lumières, les richesses, la fonction initiatrice du peuple dont l'individualité se fond dans celle d'un autre.

Le travail terrestre du genre-humain, alors qu'il était *égyptien, grec* ou *romain,* est le même qu'accomplit individuellement chaque peuple dans sa localité. Ce travail, considéré dans son origine et sa fin, peut être ainsi rendu en termes généraux.

Au commencement, chaque lieu de la terre que choisit une masse d'hommes pour s'y fixer, est par elle purgé, défriché; les forêts qui le couvrent sont éclaircies; les eaux stagnantes qui l'imbibent sont taries; les fleuves qui débordent sont contenus dans leurs lits; les rocs sont brisés, les ravines comblées; les noirs brouillards dissipés; et puis après qu'elle a ouvert à l'air une circulation libre qui dessèche les marais et apporte la salubrité, par l'industrie que provoquent ses besoins, elle suspend les vignes sur le penchant des coteaux, fait ondoyer les épis dans les plaines, creuse un tronc d'arbre qui porte l'homme auprès de l'homme dont il était séparé par le fleuve; et par ce procédé simple, grossière et imparfaite origine de la navigation, a lieu la réunion de plusieurs familles en peuplades. Celles-ci bâtissent des villes à la place de cabanes, entourent ces villes de murailles, établissent des rapports d'intelligence entre elles, fondent ainsi la politique humaine, et par elle, instituent des gouvernemens civils et militaires au sein des cités, allient les villes pour la défense ou l'agrandissement de leurs cantons; et tout en même temps les guerriers, poussant au loin leurs conquètes, charient la civilisation par les armes, mélangent les peuples et gravent la terre en de tortueux sillons dont les confins du monde sont la seule limite.

Ce travail de la race humaine dure des siècles et tout le temps de son accomplissement, les masses prolétaires vivent dans l'esclavage et sont qualifiées d'esclaves. Une moitié du monde nourrit l'autre.

Les Lacédémoniens étaient nourris par les Ilotes; les Crétois, par les Périéciens; les Mégariens, par les Mariandyniens; les Thessaliens, par les Pénestes. A Athènes; au temps de Démétrius de Phalère, il y avait *quatre cent mille* esclaves pour nourrir *vingt mille* hommes libres. A Rome, vers la fin de la république, on comptait moitié moins de citoyens que d'esclaves; quelques riches particuliers en possédaient jusqu'à vingt mille.

L'esclavage est donc le premier état social par lequel passe le genre humain. Avant son institution parmi les hommes, aucun appui physique n'était accordé à la faiblesse vouée à la mort de toute part. Ce fut donc un progrès d humanité très-grand, quand, sans en délibérer toutefois, mais naturellement, l'homme s'arrogea sur son semblable un droit de *possession*, de *vie* et de *mort*, et qu'à la faveur de cette condition, les générations, au lieu d'être étouffées à leur berceau, purent croître, se développer et appliquer leurs bras à la terre qui en réclamait l'activité.

D'ailleurs, l'influence de la doctrine de Jésus se fit sentir bien avant que cette doctrine fût établie. L'an 43 de l'ère chrétienne parut la première loi favorable aux esclaves, et, chose remarquable, c'est à Claude qu'elle est due. L'an 61, Néron apporta, par le décret de la loi *Petronia*, quelques restrictions aux droits des maîtres sur leurs esclaves. Adrien priva les maîtres du pouvoir arbitraire de vie et de mort sur leurs esclaves, et introduisit entre eux, au sujet de leurs contestations, des formes judiciaires.

Mais ces améliorations, noyées dans une mer immense d'abus, demeuraient imperceptibles. Dieu voulut que l'empire romain, sans lien entre ses parties, vînt à se fendre, à tomber comme un homme ivre, et qu'en même temps un grand dérangement de peuples, passant d'un continent à l'autre, vint rendre à chaque nation le cachet de son individualité primitive, sans cesser de les *lier* entre elles par la voie des communications.

Gardons-nous de croire avec les historiens libéraux que ces temps de transmigrations de races aient été perdus pour la civilisation. Bien loin de là, nous voyons résulter de ces temps qu'ils ont qualifié de *ténébreux*, la conversion de la majeure partie de l'Europe à la foi chrétienne, et certes, à ce résultat immense, il n'a pas fallu que les Chrétiens perdissent leur temps. Gloire à eux !... Ils ont, par leur sainte ardeur, servi plus que tous les conquérans réunis la cause des masses prolétaires, car ils les ont appelées avec leurs maîtres à une égalité universelle devant Dieu, égalité qui devait, avec le temps, les affranchir complètement de l'esclavage.

La persévérance des premiers Chrétiens à glorifier la vie, les actions et le nom du Seigneur rédempteur des esclaves; leur courage à supporter le martyre en confessant, en face des payens, le nom du Sauveur, les mit bientôt au premier rang de puissance intellectuelle, et, attirant à eux tout ce qu'il y avait alors d'hommes purs, cette persévérance leur assura insensiblement la domination morale du monde.

Pendant ce temps, les peuples d'alors, qu'assez improprement on est convenu d'appeler Barbares, se fixent. Les plus progressifs d'entre eux sont les Francs. Parmi eux s'établit un ordre politique que modifie leur foi nouvelle. Charlemagne fonde la féodalité ; cet état social apporte dans la condition de l'esclave un grand adoucissement. La qualification de *serf* remplace, à quelques exceptions près, celle d'*esclave* ; elle indique que celui-ci a cessé d'être la propriété directe d'un maître ; il est attaché à la glèbe ; il cultive pour autrui, mais une partie de son travail est pour lui ; la loi civile le protége ; sa famille, aussi bien que celle de son seigneur, est sanctifiée par la loi religieuse.

Cependant cette sanctification ne prend un caractère authentique qu'environ deux cents ans après Charlemagne. Jusqu'à cette époque la puissance religieuse s'était exercée *de fait*, mais non pas *en droit*. Le christianisme, originairement compris dans ce précepte moral : *Tous les hommes sont frères et doivent se conduire comme tels à l'égard les uns des autres*, n'était revêtu d'aucune autorité politique ; il n'influait donc qu'individuellement sur les sociétés ; par conséquent le pouvoir de la force pouvait, au premier moment, reprendre tout son antique empire. Dieu, en cette occurrence, suscite Hildebrand, fils d'un charpentier. Ce génie de l'église catholique, qui de *moine* devint *pape*, voyant, non sans de légitimes craintes, la féodalité prendre racine dans le sol, songe à constituer *politiquement* le christianisme. Il fonde donc le *catholicisme* pour être, à côté de la force *militaire*, la représentation de la force *morale* ; il constitue le clergé, lui imprime une direction puissante ; commande aux prêtres le célibat afin qu'ils soient, non les prêtres de la *localité* mais les prêtres de l'*humanité* ; fonde la hiérarchie sacerdotale dont lui-même donne l'exemple en passant par tous les ordres avant que d'arriver au souverain pontificat sous le nom de Grégoire VII.

Ce pape célèbre règle le premier les affaires temporelles du monde. Voulant porter au dehors de l'Europe cette masse d'esprits turbulens qui la troublent dans l'unité de sa foi et de sa pratique, il envoie à tous les souverains, ses légats, avec ordre de leur prêcher les croisades; et c'est ainsi qu'il met sous la dépendance de la force morale, la force militaire, qu'il soumet les rois, représentans du pouvoir du sabre, aux évêques, représentans du pouvoir pacificateur.

Ses successeurs, jusqu'à Léon X, continuent son œuvre. Pendant cinq siècles, le *catholicisme* et la *féodalité* gouvernent le monde : l'un est sa *loi morale*, l'autre sa *loi politique* ; l'un élève le *serf* à l'égal de son *seigneur* et le console de ses peines terrestres; l'autre l'attache à la terre et l'y soumet; le catholicisme enfin, fondé sur un *principe moral*, TEMPÈRE ce qu'il a d'excessif dans le *principe brutal* sur lequel repose la féodalité. — C'est là l'histoire du moyen âge tant décrié.

Vraiment, si notre époque devait être considérée comme *définitive* plutôt que comme *transitoire*, il faudrait regretter ces temps où le catholicisme et la féodalité enlaçant de leurs liens vigoureux la partie du genre humain la plus civilisée, comprenaient en une vaste *unité* hiérarchique (ordonnée) prêtres, seigneurs, vassaux et serfs. Au moins y avait-il RELIGION, *union ;* au moins le mérite *moral* ou *guerrier* était-il la condition d'élévation au grade d'*évêque* ou de *seigneur;* au moins, enfin, le supérieur dans l'ordre *catholique* ou le supérieur dans l'ordre *féodal* se sentait-il *lié* à son inférieur, et en cette qualité sentaient-ils qu'il lui devait aide et protection !

Mais il y a trois cents ans que, par suite de la perfectibilité dont Dieu a doué le genre humain, le système catholique et féodal est devenu incomplet, c'est-à-dire que les esprits les plus avancés en science sociale ont pressenti, sans toutefois pouvoir la définir, une voie plus directe de pratiquer la fraternité humaine.

Depuis ce temps, il n'y a plus eu de systèmes sociaux véritables; le monde a vécu des débris du passé et des indices de l'avenir. Au sein de l'universelle négation que firent les philosophes dits *protestans* et *libéraux*, de l'ordre catholique et féodal, tous, cependant, en revinrent au sentiment de la fraternité, et ont cherché, mais en vain , un nouveau système religieux et politique, propre à développer tous les élémens de prospérité humaine accumulés par trois cents ans de mouvement.

Ce travail de recherche a produit un long scandale qui est venu aboutir en un violent orage dont 89 et 1830 sont l'expression politique.

La foi catholique n'étant plus, tout a été mis en doute; on s'est demandé si Dieu était pour quelque chose dans les destinées des hommes, si l'état de société était bien celui qui fût propre au genre humain, si, enfin, le monde valut la peine qu'on songeât à s'y fixer. Pleins de ces doutes immenses, les philosophes cependant sentaient vibrer en eux le sentiment de l'harmonie universelle: c'était le désespoir de ne la pouvoir révéler à leurs semblables qui leur faisait douter de sa réalité. Et pendant que ces absences de tous principes élémentaires de religion traversaient le cœur des encyclopédistes, les peuples vivaient de révolutions; sans être plus esclaves, ils n'étaient pas plus heureux; leur chair, pour n'être pas aussi rigoureusement attachée à la glèbe, n'en était pas moins lacérée dans les combats ou flétrie par la misère et l'ignorance, fléaux que traîne toujours après elle l'irreligion.

Des chartes tour à tour déchirées, rapetassées ont été les seuls liens sociaux dont le monde *féodal*, devenu *bourgeois*, ait été nourri politiquement, depuis particulièrement cinquante ans ; le *protestantisme*, le *libéralisme*, double négation, le premier du *catholicisme* , le second de la *féodalité*, ont été les deux élucubrations principales sur lesquelles l'esprit humain a fait fond dans ces derniers temps, et de ces deux conceptions critiques a été engendré l'ordre constitutionnel, civilisation bâtarde ou intermédiaire, qui, ainsi que je l'ai dit en commençant, repose sur la LUTTE ou l'*indifférence* en religion, le *privilége* en propriété, la *confusion* du mode observationnel en science, la *méfiance* gouvernementale en politique, en un mot, sur l'ATHÉISME exprimé tout à la fois par l'*égoïsme* des classes bourgeoises, la *souffrance* des classes prolétaires.

Quel est donc, depuis le grand drame européen dont la France et l'Angleterre furent les principaux acteurs, depuis 89 enfin, quel est donc l'état social des classes laborieuses? C'est le *salariement* qui se modifiera encore, dit M. de Chateaubriand, parce qu'il n'est pas une entière liberté. Cet état, dont le résultat politique a été de supprimer sur le prix du travail accompli par l'ouvrier toute espèce de dîmes, et de lui en garantir l'obtention judiciairement, cet état, obtenu après plusieurs mille ans d'exploitation brutale, n'est, en effet, que très-précaire encore et très-éloigné de la pratique de la fraternité même, tant en ce qui concerne les rapports du bourgeois et de l'ouvrier, que ceux qui existent entre l'homme et la femme, puisque dans l'un et l'autre de ces deux cas on ne peut pas dire, sans mentir, que généralement l'ouvrier est le *frère* du bourgeois, que la femme est la *sœur* de l'homme, et qu'entre eux ils agissent comme s'ils se sentaient frères et sœurs bien unis.

Il y a donc toujours des parias dans le monde, et il y en aura toujours sous le nom *d'ouvriers* et de *filles du peuple*, tant que l'indépendance, autrement considérée que comme un instrument de démolition, sera prêchée comme étant propre à constituer les sociétés; tant qu'on croira à la fraternité autrement que comme une *fiction* qu'il fût nécessaire de proclamer en face de l'exploitation brutale de l'esclave par son maître, tant qu'on ne comprendra pas enfin que :

L'état social naturel des hommes est celui qui, par la voie de L'ASSOCIATION, *assure à tous une égale chance de développement de leurs facultés laborieuses, classe les individualités par ordre de vocation et de fonction, garantit à chacun, en l'étendant à tous, la jouissance pleine et entière de l'usufruit de sa production et fonde sur un principe* D'HARMONIE, fixe *au fond et* variable *dans la forme,* pour se plier à toutes les exigences de caractères qui sont en l'homme, *les relations de gouvernans à gouvernés, de citoyens à citoyens, d'hommes à femmes.*

RÉSUMÉ

La parole de Dieu n'est point captive, dit l'apôtre ; cette parole est que le genre humain marche, sans s'arrêter, à des destinées toujours plus parfaites. Tout est la justification de son progrès.

A l'origine de sa civilisation, le monde est égyptien ; les castes sacerdotales exploitent à leur profit la crédulité des masses tenues éloignées de la connaissance des sacrés mystères. Plus tard, le monde civilisé émigre d'Égypte et passe en Grèce ; là une civilisation poétique lui fait oublier qu'une moitié de lui-même est dans les fers. Enfin, Rome le baptise de son nom, l'envahit et ne s'arrête qu'après avoir atteint à *l'unité* de relations sous le rapport guerrier. C'est là l'histoire de tous les âges du monde antique.

Une ère évangélique s'ouvre, pour la première fois, depuis que le monde est monde, une parole d'amour est prêchée aux hommes : l'esclave *homme* et *femme* est affranchi SPIRITUELLEMENT ; l'humilité est prêchée aux superbes ; la chasteté et la continence aux voluptueux, la modération à ceux que l'ambition dévore ; la tempérance aux débauchés. De Saint-Pierre à Léon X, le monde n'a pas conscience d'une civilisation plus parfaite que celle qui le domine, c'est pourquoi celle qui a nom *chrétienne* et qualité *catholique* et *féodale*, est au temps de son règne le plus favorable à ses intérêts. C'est là l'histoire de l'adolescence du monde devenu chrétien.

Le genre humain fait une halte ; un doute immense l'a frappé ; sa civilisation lui apparaît insuffisante ; il la renie et tout aussitôt un long sillon révolutionnaire le grave des pieds à la tête. Dans sa douleur, il invoque la philosophie *libérale ou protestante* devenue sa divinité; celle-ci, grosse d'incrédulité, lui jette force *chartes*, force *systèmes*, force *constitutions*; mais L'UNITÉ y manque et tour à tour ces chartes, ces systèmes, ces constitutions sont dévorés par l'athéisme. C'est là l'histoire du monde protestant contre le *mysticisme* de la foi chrétienne, et le *jésuitisme* de la loi catholique.

Le genre humain doit-il prétendre à un âge mûr? Oui, sans doute, et chaque jour il y marche plus sûrement. Les hommes ont cru à l'existence d'une lutte naturelle entre leurs *désirs* et leurs *besoins*, et dans cette croyance, consacrée par toutes les religions du passé, ils ont douté de parvenir jamais à s'entendre sur leurs vrais intérêts. Mais cette croyance *égyptienne* se dissipe, bon nombre d'hommes sont frappés du sentiment que L'ASSOCIATION, ainsi que je l'ai définie ci-dessus, est l'unique loi politique qui convient au monde.

Les esprits les plus avancés de l'époque actuelle sont frappés d'un autre sentiment non moins important; ils ont exprimé le besoin de faire intervenir la *femme* mûre dans tous les modes de relations et ce, sur le pied *d'égalité* avec l'homme; de l'intéresser à la chose publique *en l'appelant* à prendre sa part dans la direction des passions sociales, plutôt qu'à l'en exclure, afin qu'étant comptée *pour quelque chose* dans l'état, elle fasse *servir à bien* L'INFLUENCE qu'elle exerce naturellement sur le cœur de l'homme, au lieu de s'évertuer, de dépit, d'être constamment reléguée au foyer domestique, à DÉMONÉTISER *sourdement* l'homme dont le joug brutal provoque sa ruse.

La mise au jour de ces questions profondes et délicates est due essentiellement au père ENFANTIN, continuateur de l'œuvre de SAINT-SIMON, fondateur du corps apostolique de la doctrine nouvelle, transformée par lui en religion naissante.

G. BIARD.

POLITIQUE HISTORIQUE.

COUP-D'ŒIL SUR LA NATURE DE LA CIVILISATION CONSTITUTIONNELLE.

J'ai terminé mon premier article en disant, que depuis la chute morale du catholicisme et la ruine politique de la féodalité, le monde est demeuré sans système social ; vivant de *protestation*, et, de temps à autre, se donnant pour liens politiques, soi-disant, des *chartes* que tour à tour il déchire et rapetasse.

En effet, le catholicisme, par son alliance avec les rois et à cause de ses dogmes stationnaires, la féodalité, par sa dégénérescence anarchique, provenant de l'empiétement fait sur ses priviléges par l'autorité royale, avaient cessé de constituer un système compact de gouvernement.

Les peuples, guidés par les philosophes, l'avaient senti, et s'étaient mis en devoir de renverser le vieil édifice social à l'ombre duquel ils s'étaient abrités pendant plusieurs siècles.

D'émeutes en émeutes, de guerres en guerres, la révolution française arriva. Son action anarchique et guerrière dura quinze ans. Robespierre et Napoléon démolirent en ces quinze années l'ouvrage de quinze siècles.

Le monde, je l'ai donné à entendre, cherche un système de gouvernement plus complet, c'est-à-dire plus approprié à ses besoins que celui qu'il a renversé.

Au fond du débat révolutionnaire qui s'agita, il y a quarante ans, était cachée une grave question. Il s'agissait, pour la société, de résoudre le grand problême de l'*autorité* et de la *liberté*, d'asseoir sur des bases solides les *droits* du peuple et les *devoirs* de ses chefs.

Les hommes les plus énergiques de cette époque, ceux aux mains desquels était confiée la *démolition* des abus catholiques et féodaux : Saint-Just, Marat, Danton et beaucoup d'autres, inspirés par les écrits critiques des principaux encyclopédistes, résolurent la question dans sa double face, selon le besoin qu'ils en eurent pour ruiner les institutions du passé.

Pour ce qui est de l'autorité, ils la confièrent au peuple tout entier, justement pour anéantir la puissance de l'aristocratie nobiliaire.

C'était faire, dans l'ordre politique, absolument la même chose qu'avait faite Jésus dans l'ordre moral, lorsqu'en face des maîtres et des esclaves, il proclama la fraternité universelle.

Mais l'égalité morale et politique à laquelle Jésus et Robespierre prétendirent appeler les hommes n'a reçu, jusqu'ici, qu'une application incomplète, toujours violemment contestée, justement parce que l'autorité dirigeante ne se composait pas des élémens correspondans aux besoins moraux et politiques des hommes.

Quant aux droits du peuple et aux devoirs de ses chefs, question tout-à-fait dépendante de la première, insoluble sans la solution de celle-ci, les hommes de 93 la résolurent encore selon le principe d'égalité dont ils faisaient émaner tous leurs actes. Mais, à cet égard, l'acétisme révolutionnaire dans lequel ils tombèrent en niant toute espèce de devoirs du peuple envers lui-même, et en affichant ses droits plus haut qu'il ne pouvait atteindre, ce défaut de conciliation, exprimé par l'apologie de l'égoïsme national d'un côté, l'effroi de la terreur nobilaire de l'autre, produisit un conflit cimenté de sang humain, pendant lequel il fut prudent de se dire du peuple et périlleux de se faire chef.

C'est de cette doctrine, tout à la fois acétique et révolutionnaire, qu'il faut faire découler l'invention du mode parlementaire en gouvernement, mode de transaction conçu de guerre-lasse, importé d'Angleterre, et connu aujourd'hui sous le nom emphatique et mystique de constitutionalisme.

On conçoit, en effet, qu'après avoir lutté violemment par la voie de l'anarchie, les partis en présence, fortement affaiblis par leurs coups mutuels, furent naturellement portés à entrer en pourparlers, et à continuer d'élaborer la question gouvernementale et sociale, selon un système parlementaire qui offrît l'avantage de ne lutter qu'en paroles, officiellement, et de longer ainsi le temps au profit des classes propriétaires.

Le constitutionalisme, quelque profond que veuille le trouver les docteurs de l'époque, n'est donc, sous son aspect politique, judiciaire, civil ou autre, qu'un vain pourparlage.

Il est, en réalité, l'action parlementaire, laquelle a succédé à l'action révolutionnaire; c'est certainement un progrès, mais seulement sous le rapport de la forme : car jamais les avocats-législateurs, tous propriétaires-députés, n'apporteront, à l'ordre existant, un changement profitable au travail, parce que, s'ils venaient à le faire, ils amoindriraient eux-mêmes leur importance sociale et diminueraient les chances politiques qu'ils possèdent toutes de s'enrichir; en un mot parce que les honneurs et les bénéfices publics cesseraient de leur appartenir exclusivement.

Donc la révolution n'a fait que soulever la question d'*autorité* et de *liberté*, de *droits* et de *devoirs*; mais elle ne l'a pas résolue, et elle est encore pendante. Seulement, par son action violente, elle a dépossessionné une classe de citoyens : les *nobles* pour en possessionner une autre : les *bourgeois* ou nobles au petit pied.

Les bourgeois d'aujourd'hui sont les prolétaires d'avant 89; le partage qu'ils se sont fait de la grande propriété féodale, atteste que cette propriété ira encore en se morcelant, ou mieux qu'elle tombera dans le domaine public pour être distribuée partiellement à chacun selon son mérite, son aptitude et ses talens.

Ce sont là les conséquences de la révolution française;

toutefois après que l'on aura résolu la question d'autorité et de liberté, de droits et de devoirs, question qui
ne peut l'être qu'à l'aide d'un nouveau principe d'ordre,
principe que recèle le saint-simonisme; c'est ce que
nous verrons en finissant.

Revenons : la forme parlementaire, prisée plus haut,
mais à dessein, que sa valeur réelle a été décrétée par
ceux qui y étaient intéressés : par les avocats-législateurs tous propriétaires-députés, et aussi par les opti-
mistes du siècle : *civilisation constitutionnelle.*

Ce n'est, en réalité, qu'une *fiction* d'un rapport inté-
ressant pour les classes privilégiées qu'elle dispense de
veiller aux intérêts des classes laborieuses, mais cette
fiction qui organise *officiellement* la LUTTE entre ceux
qui possèdent sans travailler et ceux qui travaillent sans
posséder ne change en vérité, rien au fond des choses ,
et n'est, à bien prendre, qu'une mystification politique
dont l'esprit humain est tout près de faire justice en la
reléguant dans les archives du passé.

Et la preuve que l'ordre constitutionnel n'est qu'une
mystification, c'est qu'il maintient encore les prolétaires
de l'époque dans un état d'ilotisme dont la loi du salaire
sous laquelle ils vivent, est le seul témoignage que j'en
veuille citer.

Je pourrais borner là les raisons positives qui justi-
fient de l'imperfection foncière de la loi constitutionnelle; mais il est encore des esprits attachés au monar-
chisme et au républicanisme ; je me sens mission de les
en détacher, pour les appeler à une croyance politique
plus saine, c'est pourquoi je continue à faire la critique
de la civilisation constitutionnelle sous ce double rapport.

Cette civilisation s'exerce alternativement par l'action
monarchique et par l'action démocratique : l'une est la
régle adoptée, l'autre est le rappel à cette règle.

C'est parce que la pondération des pouvoirs constitutionnels avait perdu son équilibre, c'est-à-dire que la balance constitutionnelle, dans laquelle sont pesés les intérêts nationaux, penchait un peu trop du côté du royalisme, qu'en 1830, Charles X fut chassé de France par les bourgeois de Paris, aidés des prolétaires.

Il y eut république pendant les trois mémorables journées, c'est-à-dire rappel à la règle constitutionnelle.

Donc, le constitutionnalisme comprend tout à la fois la monarchie et la république, puisque, dans l'un et l'autre cas, ce sont toujours des AVOCATS qui parlementent en temps de paix ou après une victoire nationale : les prolétaires n'étant rois que tout le temps que dure le suicide populaire servant de rappel à la règle et offert en leçon au pouvoir prévaricateur.

Ce qu'il faut remarquer par-dessus tout, c'est que le constitutionalisme est la lutte organisée entre les classes que leurs intérêts divisent : la concurrence industrielle qui accroît d'un chiffre énorme la mortalité publique de chaque année, la prostitution qui déshonore 35,000 femmes, à Paris seulement, sont les deux résultats les plus funestes de cette systématisation de la lutte.

Sur ce double fait, qui n'est que trop patent, la loi constitutionnelle se contente d'en voiler la production extérieure ; mais elle la souffre à l'intérieur, tant la FORME pure et simple est l'attribut essentiel de cette loi sans valeur moralisante.

Et parce que, ni la monarchie, modifiée par un système de représentation parlementaire, ni la république, modifiée par un système électoral plus ou moins complet, ne mettent fin à la concurrence et à la prostitution, voilà pourquoi, quelque bien conditionnée que l'on conçoive imaginairement l'un ou l'autre de ces deux modes de gouvernement, il y a lieu à passer outre et à chercher, dans une combinaison nouvelle des moyens de gouverner, les bases d'un ordre social nouveau.

Ceux qui prônent la monarchie parlementaire et qui

prétendent diriger le monde par son secours, se trom—
pent étrangement. Cela est d'autant plus prodigieux de
leur part, que pour y réussir, il faudrait supposer que
les hommes sont nés pour lutter éternellement, croyance
immorale qu'il faut bien se garder de professer de con-
viction; d'autre part, il faudrait oser déclarer infailli—
ble la volonté, inviolable la personne du chef de l'état
d'un tel ordre de chose, conditions intellectuelles et ma-
térielles contre lesquelles le monde proteste justement
depuis 3oo ans, par la voix des disciples de Voltaire,
de Rousseau, de Luther, et qu'il faut refuser à notre
espèce : l'infaillibilité étant une qualité étrangère à
l'homme, quelque génie qu'il ait d'ailleurs.

Ceux qui prônent la république selon Robespierre,
ou selon tout autre célèbre démolisseur se méprennent
plus étrangement encore. Ils semblent oublier que la
PROTESTATION révolutionnaire et prostitutionnelle des
trois derniers siècles, à couvert le monde de misère
et d'immoralité, que par conséquent, il n'y a plus lieu à
démolir, mais bien à reconstruire; que pour instituer la
république il faudrait supposer que le géant du passé
l'ordre catholico-féodal est encore debout, et qu'à cet
effet, pour le combattre, il y a lieu à proclamer de nouveau la république et à lâcher, contre le géant du moyen
âge, l'élément terrible qui fait la force de la démocratie :
l'anarchie populaire.

Sous le premier aspect de l'ordre constitutionnel :
la monarchie, la *lutte* est systématisée et donne lieu à
une rumeur qui, pour être sourde, n'en est pas moins
oppressive. L'inertie dans laquelle elle plonge les
masses, les maintient un certain temps à l'état de
calme plat.

Sous le second aspect : la république, la *lutte* n'a
plus lieu seulement dans l'ordre parlementaire, elle
est flagrante, agissante et devient l'arme du peuple trop
long-temps joué. Malheur à qui va contre !...

Ainsi, le constitutionalisme vu sous sa forme monarchique ou sous sa forme démocratique, est, dans un cas comme dans l'autre, d'une nature subversive de toute religion, de toute politique d'association, puisque dans un cas il *délie* systématiquement les citoyens, brouille leurs intérêts et que dans l'autre, il *brise* violemment les sentimens reçus en agissant par la raison du fer et du canon, puisqu'enfin cet ordre est la pratique de l'athéisme en religion, de la concurrence en politique, du mensonge en morale.

C'est donc parce qu'elle laisse ces points capitaux sans solution organique, indépendamment de la question d'autorité et de liberté, de droits et de devoirs qu'elle ne résout pas non plus, que la civilisation constitutionnelle est une chimère que je dénonce à la risée du monde : chimère nuisible au développement de la moralité et des intérêts des classes laborieuses, chimère qui est une barrière jetée entre ces classes et celles qui sont propriétaires, chimère profitant uniquement, enfin, à la classe des hommes de loi qui vivent joyeusement de l'application qu'ils sont chargés d'en faire aux prévarications ou aux transactions politiques, judiciaires, civiles ou autres auxquelles elle donne lieu.

Cependant, il est une considération importante qui révèle la conciliation à effectuer entre la monarchie et la république, ou du moins entre les deux sentimens divers auxquels correspondent ces deux formes de gouvernement.

Ces deux sentimens sont l'ordre et l'ardeur, tous deux constituant un besoin dans l'homme. Par exemple, ceux que la nature a doués d'un tempérament lymphatique ou paisible, prêchent la monarchie ou le repos; ceux quelle a doués d'un tempérament bilieux ou ardent, prêchent la république ou le mouvement : les premiers plaçant dans le *statu quo* d'une monarchie le nec plus ultrà social; les seconds le plaçant dans l'énergie qu'il est nécessaire de produire pour lutter avec avantage.

Cette considération constitue la cause de la préférence des uns pour l'ordre monarchique ou celle des autres pour l'ordre démocratique et révèle, qu'à défaut de concilier ces deux besoins moraux de l'homme, il n'y a pas d'UNITÉ possible entre eux, pas d'harmonie, tant que procédant selon le mode chrétien, telle nature ou manière de sentir sera imposée à telle autre manière d'être.

Voilà donc que se présente de nouveau la question d'autorité et de liberté, de droits et de devoirs; question complexe, que résout le saint-simonisme, du moins dans son aspect politique, attendant la révélation de la femme pour la résoudre dans son aspect moral.

Je devrais ici entrer dans de longs développemens dont l'objet serait de détruire dans les esprits les préoccupations exclusives qui les dominent et qui rendent la question difficile à aborder. Mais je m'en dispense parce qu'il est une manière libérale de procéder à la solution de la question, manière dont j'use de plein droit comme étant propre à abréger le chemin.

Que suivant la méthode de Bacon, on suppose que tout est à refaire; qu'ainsi qu'il en donnait l'avis aux penseurs de son temps, on se dégage de toutes les influences de son époque, qu'en cet état on examine ce que doivent être les choses pour que tout aille bien, et toute question sera soluble.

Il est rigoureusement nécessaire de se placer dans ces conditions intellectuelles. Ce n'est pas d'ailleurs chose si impossible, car sur 32 millions d'habitans qui sont en France, si j'invoque le sentiment général, un long écho m'apprendra que 20 à 30 millions de Français renient la civilisation actuelle : les uns, parce qu'elle les maintient dans la pauvreté, les autres, parce qu'elle étouffe les grandes inspirations réformatrices.

Pour ma part, j'ai longuement justifié des déceptions sociales qui sont au fond de cette civilisation ; je sais bien qu'elles sont instinctivement senties par tout le monde , mais combien n'en ont pas une conscience nette : c'est pour ceux-là que je suis entré dans des développemens.

Et maintenant, voyons à quelles conditions nouvelles est attachée la solution de la question gouvernamentale et sociale.

L'état naturel des hommes est seulement l'association par le secours de laquelle il est donné à tous une éducation commune, à chacun une instruction en rapport avec sa vocation naturelle , puis une fonction sociale qui le garantisse à tout jamais des atteintes de la misère.

La condition pour associer les hommes , c'est , non pas comme l'a fait le christianisme , de réprimer leurs passions, mais de les développer, de les régler, de les utiliser au profit de l'association.

Les passions étant dans l'homme la condition de son activité, et cette activité devant avoir un résultat productif, il est , par conséquent, nécessaire que ces passions de nature diverse, soient dirigées et classées.

L'autorité est donc, au but que se propose toute société d'hommes, un moyen dont il est impossible de se passer, puisque, sans l'intervention de ce moyen, il y a croisement des passions, froissement des intérêts , anarchie générale : donc, la liberté, pour s'exercer selon les désirs que ressent chaque homme, a besoin d'être réglée, et par conséquent d'émaner de l'autorité.

C'est un point capital à reconnaître d'où découle la solution de la question des droits et des devoirs de chacun envers tous et de tous envers chacun.

On conçoit, en effet, que ces droits et ces devoirs seront d'autant plus nettement et promptement déterminés que la régularisation des passions de tous et de chacun aura lieu de manière à satisfaire le plus possible à la volonté des individus et au but que tous se proposent.

Ainsi , toute la difficulté du problême social réside dans l'autorité , qui , depuis les temps les plus reculés jusqu'ici, est fausse , tyrannique , incomplète , justement parce que, dans son essence, elle manque à se composer des élémens correspondans aux besoins moraux et matériels des hommes, et que , dans son attribution elle omet de satisfaire aux droits d'une moitié de l'espèce humaine : les FEMMES.

La subalternisation des femmes aux hommes , leur exclusion à toute participation aux affaires politiques, judiciaires, civiles **ou** autres, engendre l'individualisme des familles , forme des castes dans l'état et donne lieu à la concurrence entre ces castes, à la prostitution publique et domestique , qui est la voie funeste par laquelle s'échappe près d'un million de femmes de la brutalité de l'homme dans le mariage, de la misère qui l'accompagne le plus souvent.

L'homme a toujours protesté contre l'autorité de l'homme parce qu'il la trouvait rude et qu'elle était sans influence d'amour sur lui : c'est une justification du besoin d'appeler la femme à partager l'autorité avec l'homme, comme représentant surtout l'élément d'amour qui manque à son autorité et qui la fait fuir.

Il est incroyable qu'on ait échappé pendant tant de siècles à cette conséquence impérieuse, sans l'accomplissement de laquelle il n'y a pas de salut pour le monde.

Le premier homme du siècle, celui qui, avec une égale puissance, vécut de libéralisme pendant les premiers ans de sa raison et se plonge aujourd'hui dans une vie toute de mysticisme selon le monde : ENFANTIN n'est en vérité pas aussi loin de la réalité, alors qu'il appelle la femme à la liberté, à l'égalité, à l'autorité avec l'homme, que le républicain, le légitimiste, le doctrinaire et tous autres sectaires chrétiens qui, quoique protestant contre la foi chrétienne, y sont encore soumis à leur insu en repoussant la femme, en dédaignant d'utiliser sa puissance de charme ou de persuasion, comme s'ils croyaient encore au vieux dogme de la réprobation de la chair, bien qu'en général tous pratiquent une séduction effrénée.

Oh! républicains, légitimistes, doctrinaires, qu'elle est débile votre politique de lutte! qu'elle est débile votre prétention au positif! qu'elle est débile votre liberté! qu'elle est débile votre autorité! C'en est à faire frémir: et pourquoi? c'est que vos prétentions manquent de l'appui de la moitié du monde, les FEMMES!

Donc, celui-là est brutalement mystique, qui, ne voulant la liberté que pour son espèce, la refuse à la femme, et profane ses charmes dans l'ombre; celui-là est, au contraire, positivement moral, qui veut la liberté pour l'homme et la femme, honore publiquement les charmes de celle-ci, proclame la puissance moralisante de sa grâce et de sa beauté, et l'appelle à exercer, conjointement avec l'homme, un sacerdoce civil, domestique et politique.

Silence donc! à tous ceux que l'esclavage de la femme n'ayant pas touché, disent que tout est bien, parce que insouciants de l'avenir, le présent fournit à leur pain quotidien! Silence, égoïstes!....

Artistes, savans, publicistes, c'est à vous qu'il appartient de parler, parce que vous connaissez, vous, les douleurs du travailleur, parce que vous éprouvez chaque jour, vous, les privations, les humiliations attachées au travail salarié.

Il vous appartient de parler, dis-je, mais seulement pour réclamer l'affranchissement de la femme, car en vain vous chercherez une solution à la question d'autorité et de liberté, de droits et de devoirs, vous ne la trouverez jamais ; vous créerez en vain les plus beaux systèmes, *ils s'évaporeront tous en fumée*, si vous ne confiez qu'à l'homme seul l'autorité.

En vérité, en vérité, croyez-moi, le monde est rebattu de système ; il a usé de tous, et tous l'ont rebuté parce que l'*amour* était étouffé par la *force* ; appelez donc la femme : elle seule peut sauver le monde qui languit dans l'athéisme, et retremper la vie du genre humain qui blasphème contre la *force* parce qu'il est sans *amour*.

Mais la femme, pour sauver le monde, a besoin de faire son éducation, et c'est ce qu'elle ne peut pas faire dans l'état de sulbalternité morale et politique sous lequel les hommes la tiennent encore.

Hommes de tous les partis, hommes de tous les pays, hommes de toutes les couleurs, votre sort est dans une question d'*autorité :* la femme *seule* peut la résoudre ; l'homme a suffisamment parlé, trop parlé ; laissez-là tous vos systèmes ; ce sont autant d'utopies que l'état d'*esclavage* ou de *déshonneur* dans lequel vivent les femmes, fera successivement échouer.

Ce que vous avez de mieux à faire en ce jour, c'est, je le répète, de réclamer infatigablement l'affranchissement des femmes et de laisser à leur délicatesse le soin de changer en liens d'amour les chaînes de fer qui les attachent à l'homme ; c'est de donner un libre cours à la vanité, à la ruse, à la démence des plus exploités jusqu'ici ; afin que tous ces démons que la brutalité masculine a mis en elles, se fondent dans l'espace et se transforment en autant d'élémens qui sous le nom de beauté, de grâce et de douceur servent à la moralisation du genre humain.

Et, quand avec le temps, ces progrès se seront accomplis, hommes, croyez-moi, le genre humain est assez riche de systèmes politiques pour en accepter un qui satisfasse aux droits et aux devoirs de tous : c'est,

en vérité, le plus mince aspect de la question sociale :
l'autorité d'amour passe avant tout : elle est inconnue à
l'homme seul : la femme a mission d'en révéler les conditions morales : qu'elle parle !.... qu'elle agisse!...

Hommes, c'est ici une question de palingénésie ou
rénovation sociale du domaine de la femme : aidez à
l'émission de sa parole, puis écoutez et attendez : le
sort du monde se décide définitivement.

G. B.

AVIS A LA PRESSE PÉRIODIQUE.

Journalistes! sur la question d'autorité et de liberté,
sur celle des droits du peuple et des devoirs de ses
chefs, sur la civilisation constitutionnelle tout entière,
enfin, vous avez une polémique nouvelle à engager.

Ces questions sont un fond de politique sur lequel
vous pouvez vivre long-temps; je vous engage à l'a-
border dans l'intérêt de la civilisation, dans le vôtre
propre.

Car, en vérité, le moment n'est pas éloigné où, con-
tinuant à ergoter sur des questions de ministère et de
métaphysique constitutionnelle, vous devrez entrer en
liquidation avec vos abonnés, c'est-à-dire renoncer à
être les guides de l'opinion publique.

Au contraire, vous acquerrez une puissance suprême
et exercerez un sacerdoce salutaire sur les esprits, du
moment où vous agiterez, sous tous les rapports sociaux
les grandes questions humaines que les temps vous si-
gnalent.

Mais vous avez à changer de point de départ dans la
polémique nouvelle que je vous convie d'entamer, vous
avez également à vous diriger vers le but que les temps,
aussi, assignent aux peuples et aux hommes.

Jusqu'ici, les doctrines dites : libérales, constitutionnelles, légitimistes etc., sont les points de vue différens d'où sont partis les publicistes pour envisager les faits et en tirer la conséquence politique la plus favorable à l'opinion dont ils s'étaient faits les partisans.

Ce n'est plus ainsi qu'il faut procéder à l'élaboration d'aucune question sociale. Le point de départ, ce n'est ni le libéralisme ni le républicanisme, ni le légitimisme, c'est, ainsi que l'a proclamé, en chantant, Béranger le poète : la sainte-alliance successive qu'ont formée les peuples pour s'affranchir graduellement du joug de l'ignorance, de la misère, et conquérir la lumière, la paix et l'association.

Vous avez à élaborer la question de l'ordre nouveau, à réfuter l'ordre ancien, à définir l'autorité, à spécifier la liberté, à aborder la question suprême de l'affranchissement des femmes en partant de ces principes :

Que le but de la civilisation vers lequel gravite, à son insçu, la société européenne, n'est plus celui auquel elle aspirait il y a trois cents ans.

Qu'à cette époque, il y avait lieu à tout délier, parce que, selon l'expression même du vénérable Lafayette, tout était servitude. — Qu'aujourd'hui il y a lieu à tout relier parce que selon l'expression du poète Lamartine : tout est débris.

Que le but de la civilisation, depuis 1517 jusqu'en 1830 a été ou a dû être la révolution; — Que le but de la civilisation actuelle est, à coup sûr, une sainte-alliance des peuples par leur association.

Que le nom de la civilisation philosophique dont Luther et Voltaire sont les deux fondateurs est révolution; — Que celui de la civilisation dont Saint-Simon et le fondateur est : association.

Qu'enfin toutes les servitudes, sauf celle sous laquelle vivent encore les femmes, ont été brisées par la liberté; — Que, par conséquent, l'anarchie actuelle

a pour terme définitif l'autorité du génie, l'affranchissement de la femme, sa participation à tous les travaux
d'état, scientifiques, littéraires ou autres.

Tels sont, Journalistes, les principes qu'il faut irac-
cepter, ou renoncer à exercer votre sacerdoce intellectuel.

Mais, avez-vous bien conscience de la grande res-
ponsabilité qui pèse sur vous ; connaissez-vous toute la
puissance qui vous écheoit en partage, quand vous vou-
lez vous unir ? Non, écoutez donc :

Un homme qui était alors votre maître à tous, MICHEL
CHEVALIER, aujourd'hui apôtre, vous a dit en juillet
1831 : La presse périodique est une haute magistrature
qui soulève toutes les questions, qui les discute, qui les
résout et qui en inocule la solution dans les esprits, de
sorte que, quand elle a définitivement prononcé, les
pouvoirs dits constitués sont tenus, sous peine de dé-
chirement entre eux et l'opinion publique, de se con-
former à ses décrets. La chambre des députés, en
particulier. est immédiatement dans la nécessité de
sanctionner les arrêts de la presse par une mesure lé-
gislative qui n'est qu'une constatation faute de quoi il
faut qu'une ordonnance royale intervienne qui la con-
gédie.

La mission de la presse, depuis sa création, a été de
renverser, de concert avec le théâtre, l'ancien système
politique et religieux : la foi catholique et les priviléges
féodaux, et elle s'en est acquittée à merveille. Brissot,
Condorcet, Ducos, Louvet, Camille Desmoulins, Marat, l'abbé Maury, Rivarol, Bergasse, Fréron, Cla-
vière, Garat, Daunou, Chénier et cent autres rédac-
teurs de journaux, portèrent aux priviléges de la
noblesse féodale de plus rudes coups que les quatorze
armées de la Convention ne le purent faire.

Pendant la restauration, la presse libérale maintint
intact le sentiment des franchises nationales.

Enfin, du 8 août 1829 au 25 juillet 1830, ce fut une bataille dont tous les combattans avaient une même pensée ; leurs coups habilement et harmoniquement portés, brisèrent un à un tous les appuis de la restauration. Dès que la royauté, poussée dans ses derniers retranchemens, réunit le reste de ses forces pour les anéantir, ils répondirent à son défi par leur protestation courageuse. Ils dirent, et Charles X., de Paris, passa à Holy-Rood.

La puissance de la presse, pour être réelle, n'a donc besoin que d'union entre ses parties. Malheureusement c'est ce qui lui manque aujourd'hui, depuis quinze mois, elle vit des débris de son passé et redit à satiété, sur tous les diapasons, tous les argumens du temps de la restauration.

Il lui faut donc un nouvel aliment, une direction nouvelle pour la rappeler à sa véritable condition, au sacerdoce intellectuel qu'elle a mission d'exercer.

Journalistes, cette direction, c'est de vous unir pour un but pacifique, comme vous vous êtes unis en juillet, pour un but de destruction ; ce nouvel aliment, c'est de soutenir, de développer les intérêts des prolétaires et des femmes, d'inoculer à vos lecteurs de toutes les classes, des sentimens d'association et d'harmonie, de les lier entre eux par de communes sympathies pour les masses laborieuses en souffrance ; c'est enfin de préparer, par une discussion consciencieuse, les actes successifs par lesquels ces sympathies doivent de plus en plus obtenir satisfaction.

Voilà votre mission ; sachez vous en rendre dignes, si vraiment vous avez le sentiment des grandes choses qui se passent, et des améliorations que reclame le sort des prolétaires et des femmes, dont les droits sont à l'ordre du jour.

G. B.